Streets in Shanghai

上海·街头

上海市黄浦区档案局(馆)组编　张建麟 编绘　李圣恺译

同济大学出版社

序言

街道构成了城市的形态体系和肌理空间。街道是人们日常生活与交往的开放性场所，是由各种建筑围合形成的公共空间，与广场、公园一样是城市的重要公共领域。正如美国建筑师伯纳德·鲁道夫斯基在《人的街道》一书中所指出的：街道是母体，是城市的房间，是丰沃的土壤，也是培育的温床。其生存能力就像人依靠人性一样，依靠于周围的建筑。完整的街道是协调的空间。

历史街道是那些历史上形成的由老建筑等历史环境要素构成的、风貌景观具有一定特色的街巷。它们既是城市空间的集体记忆，也是地区历史风貌的直接呈现和不同街区之间的联络通道。一座城市的历史文化，不仅要看历史文献记载和馆藏的各种精美文物，城市的历史街道、历史文化街区就能直接体现城市历史积淀的厚重感，还可以把不同时期的重要历史地标、文化景观串联起来。

街道是一种城市现象。城市面貌千篇一律和千城一貌问题由多种因素造成，但新城、新区基本没有形成街道系统肯定是其中的重要原因。街道在构成城市形态体系的同时，最显在的功能是交通组织。现在的城市规划建设者大多是在重视街道的交通功能的同时，基本忽视了地域环境特征和传统空间肌理，忽略了人的活动需求和心理感受。

如今，城市规模越来越大，但城市街道却越来越少，有的城市甚至已经没有了街道，只有供车辆通行的道路了。一些城市对老城旧区施行大拆大建、大规模改造，导致城市只有为机动车辆服务的道路，没有了为居民日常生活服务的街道，城市的历史景观和空间特色也遭到了极大的破坏。

相对而言，上海还是比较幸运的。2005 年上海市政府在中心城区划定了 12 片历史文化风貌区，占地总面积近 27 平方千米。这其中根据保护规划确定了近 400 条道路为风貌保护道路（街巷），其中的“一类保护道路”被人们称为永不拓宽的街道，作家陈丹燕的《永不拓宽的街道》一书曾经洛阳纸贵。

针对风貌保护道路不仅要实施严格的保护管控措施，同时要保持它们的历史风貌和文化活力。在上海，经过保护整治后的风貌保护道路中，已有武康路、多伦路和陕西北路等三条街道被评为“中国历史文化名街”，武康路还成了年轻人十分喜爱的网红打卡地。当然，如何通过历史街区保护整治，切实改善城区民生还需要在保护更新实践中继续探索。

《上海·街头》一书即将出版，作者和责编嘱我作序，于是把自己熟悉的有关街道的基本知识先“码”了一下，期待大家能够对城市街道、上海街道感兴趣。

作者张建麟先生是一位建筑师，在 2018 年出版《上海·弄堂口》后又完成了这部新书。与《上海·弄堂口》描绘上海弄堂的生活场景不同，《上海·街头》以上海市区的街道和街巷为对象，采取不同的手法从不同的视角进行了全方位的记录，150 多处街道、街角或街头景观，其中不少已消失，可能有你熟悉的生活场所，也有可能是你陌生的地方，相信总有一些图像会唤醒人们的记忆或引起读者的关注。与单纯的艺术作品集不同，《上海·街头》对每一处街道和街角都有准确名称和具体位置标注，因此，本书也可以称为街道图像名录，可以为对上海城市历史文化感兴趣的读者提供图像参考，结合街道地名志一起阅读更有意义。

Preface

Streets form the framework and spatial texture of a city. They serve as open venues for people's daily life and communication. Enclosed by various architectures, streets are public domains as important as city squares and parks. Just as the American architect Bernard Rudofsky pointed out in his *Streets for People* : Streets serve as the cradle of a city, the spaces that nurture life, the fertile grounds for growth, and the nurturing bed for development. Just as human survival depends on humanity, the vitality of streets relies heavily on the surrounding buildings. A well-integrated street creates a harmonious space.

Historic streets are formed by old architectures and other historic elements, showing sceneries with certain specialties. They are the collective memories of a city, the direct exhibitions of historic view, and the connection between different neighborhoods at the same time. The history and culture of a city extend beyond historic accounts and relics in museums. The historic streets and neighborhoods themselves can directly show the profound urban history, threading together important historic landmarks and cultural landscapes of different periods.

Street is an urban phenomenon. The issue of cities becoming uniform in appearance and lacking distinctiveness may be a result of various factors, but the absence of a well-established street system in new cities and areas is certainly the most significant cause. Streets not only shape the physical structure of cities but also serve as a primary function in organizing the traffic flow. Unfortunately, in current urban planning practices, there is often an emphasis on the transportation functionality of streets, while disregarding their environmental features and traditional spatial characteristics. As a result, the needs for human activity and emotional experience are often overlooked.

In recent times, the scale of cities is getting larger and larger. However, the number of urban streets has been diminishing significantly. Some cities have even gone to the extent of completely eliminating streets, leaving behind only thoroughfares for vehicles. In a radical approach, certain cities have demolished old urban areas, transforming them into roads exclusively designed for vehicular traffic. This has deprived citizens of the vital streets that once served their daily lives and has resulted in substantial damage to the historical landscapes and distinctive features of these cities.

Shanghai is relatively lucky. In 2005, the Shanghai municipal government designated 12 areas in downtown Shanghai as historic and culturally significant preservation zones, covering a total area of nearly 27 square kilometers. As part of the preservation plan, almost 400 streets have been identified as protected streets, with some falling into the category of "Class 1 Preserved Streets," meaning they will never be widened. Chen Danyan's book *The Streets Never to be Broadened* once achieved significant popularity.

When it comes to the preservation of such streets, it is crucial not only to strictly enforce protective measures but also to maintain their historical charm and cultural vibrancy. In Shanghai, among the streets that have undergone preservation and revitalization, Wukang Road, Duolun Road, and Shaanxi Road (North) are recognized as "renowned historic and cultural streets in China." Wukang Road, in particular, has gained popularity as a trendy destination among young people. Of course, to enhance the quality of urban life is the most importance subject that needs ongoing investigation and experimentation in the course of preservation and revitalization of historic neighborhoods.

Streets in Shanghai will soon be published, and I am writing this preface at the request of the authorand the chief editor. I have put together some of my knowledge and thoughts about streets here, hoping to ignite readers' interest in urban streets, particularly those in Shanghai.

近年来，“建筑可阅读，街区可漫步”活动越来越红火。阅读城市首先要迈开步，走上街头巷尾。阅读城市需要在城市街道游荡，本书可以成为你游荡上海的读物。在街道游荡可以收获直接的感性认识与体验，哲学家本雅明堪称伟大的街道游荡者。对于本雅明而言，城市是需要借步行游荡来理解的组织。在本雅明称为“19 世纪的首都”的巴黎，与步行游荡相关的连续拱廊街、剧场式空间、交往的人群和文化记忆组合形成了城市叙事秩序。

五一长假期间，各地将迎来热闹的假日“拥挤”，旅游景区景点呈现出相同的景象——人山人海。其实，旅游可以从社区出发，在日常生活环境的附近（就是人类学家关心的“附近消失”的附近）休闲、探索，重新发现自己熟悉又陌生的城市、街道和社区。热爱家乡可以从生活场所认知与理解开始，如果还能够进一步，积极参与地方的历史文化保护行动，那就更好了。

日本建筑学者芦原义信在《街道的美学》中指出，“当我们认清自己的自然风土、创造有人情味的街道时，至少应看清方向。”为了今后能够建设更美好的街道、更宜人的城市，真正做到让城市始终是有温度的，确实有必要重新认识我们身边的街道，认识我们生活的城市。

是为序。

（同济大学建筑与城市规划学院教授）

2023 年 4 月 30 日

Mr. Zhang Jianlin, an architect, had his previous work *Lanes in Shanghai* , depicting the living scenes in Shanghai' s lanes (Longtang), published in 2018. Its focus was on the streets and *Lanes in Shanghai*' s urban areas. Employing diverse methods and perspectives, it provides a comprehensive documentation of over 150 streets, street corners, and urban landscapes, some of which have already vanished. These localities, either familiar or unfamiliar to people nowadays, will certainly evoke memories or capture the attention of readers. In contrast to conventional art albums with a simple format, *Streets in Shanghai* provides detailed annotations for each piece, including accurate names and specific locations for the streets and street corners. Consequently, this book serves as a visual directory of streets and acts as a graphic reference for people interested in Shanghai' s urban history and culture. It would be particularly meaningful to read it in conjunction with the city' s cartography.

In recent years, activities promoting the concept of "readable architectures and strollable streets" have gained increasing popularity. To truly understand a city, one must walk along or wander about its streets. This book can serve as your companion during your explorations of Shanghai. Wandering through the streets allows for direct sensory experiences and knowledge acquisition. The philosopher Walter Benjamin can be regarded as a unique street wanderer. According to him, a city is an entity that requires wandering to be understood. In Paris, referred to as the "capital of the 19th century" by Benjamin Walter, the interconnected continuous arches, theater-like spaces, bustling crowds, and cultural memories, are all intertwined in the course of wandering, and then the shape in a narrative order of the urban cultural environment will emerge.

During long holidays in China, almost all scenic spots are crowded with people. Actually, there can be a better alternative: we may start our tourism from our own communities to explore places that are part of our daily lives. We can leisurely explore our city, streets, and neighborhoods so as to rediscover both their familiar and unfamiliar aspects. We will certainly love our hometown more deeply when we have a better understanding of the cultural background of the spots where we live. It will be more rewarding if we can go a step further to participate in the preservation of such local history and culture.

According to Yoshinobu Ashihara, a Japanese architecture scholar, states in his book *The Aesthetic Townscape*, "When we strive to understand our natural environment and customs, and create streets with a human touch, it is crucial to identify the correct direction." In order to construct better streets and more enjoyable cities, and truly infuse cities with vitality in the future, it is indeed necessary to rediscover the streets around us and familiarize ourselves with the cities we inhabit.

The above serves as the preface of this book.

Zhang Song

(Professor in College of Architecture and Urban Planning at Tongji University)

30 April 2023

目 录/Content

外 滩/The Bund

中山东一路近广东路。

黄浦江和苏州河交会处以南千余米的沿江建筑群，见证了这座城市、这个民族曾经历的百年沧桑。

记住历史，用极大的努力，探索前进的路，彼岸已见影子。

元芳弄/Yuanfang Lane

在外滩核心区，近四川中路，至今还留存着这样一幢历经磨难，不断改善自身环境的楼房——螺蛳壳里的上海彩色蚂蚁。

申达大楼/Shenda Mansion

位于黄浦区福州路 89 号 (四川路口)，原为中兴银行大楼。

正广和洋行旧址/Former site of the Aquarius Company

位于黄浦区福州路 44 号，这家机构生产的饮料曾经在上海家喻户晓。

外滩汇丰银行/Former building of HSBC (Hongkong and Shanghai Banking Corporation) on the Bund

位于黄浦区中山东一路 12 号。

创办汇丰的构想源于当时任职铁行轮船公司的苏格兰人托马斯·苏石兰 (Thomas Sutherland)。1865 年 3 月，香港上海汇丰银行在香港开业，一个月后上海分行也开张营业。1874 年，汇丰银行在江海关南侧购得一块地，其后建造了一幢三层英国古典式建筑。由于业务发展迅速，1921 年拆除旧楼，开始建造新的汇丰银行大楼。该大楼由公和洋行设计，总投资 1000 万银元，1923 年 6 月建成，当时被称为“从苏伊士运河到远东白令海峡最讲究的建筑”。

1941 年底太平洋战争爆发后，汇丰被日方强行接管，抗战胜利后复业。1955 年汇丰银行撤出上海，后由上海市政府进驻。1995 年市政府搬迁，1996 年 1 月上海浦东发展银行通过置换购得该大楼使用权至今。

江海关大楼/Custom House

位于黄浦区中山东一路 13 号。

由英商公和洋行的建筑师威尔逊设计，1927 年竣工，系第四代江海关建筑。

大楼顶部海关大钟是在英国制造后运到上海组装，当时被称为亚洲第一大钟，也是目前世界上仅存的三座“大笨钟”之一。

張建麟
2021.1.12.

張建麟
2022.10.18.

九江路四川中路口/Corner of Jiujiang Road and Sichuan Road (Middle)

中央商场/Central Arcade

位于黄浦区南京东路四川中路口，始建于上世纪20年代末，由公和洋行设计，曾作为商场和办公楼使用。商场形成于1945年底，以旧时路名中央路（今沙市一路）命名，1966年更名为人民商场，1978年恢复原名。

在那个计划票证的年代，人们不得不接受新“三年、旧三年、缝缝补补又三年”的现实，中央商场是这种现实下提供解决办法的首选之地。

今天的年轻一代，大概是不会知道中央商场在那个年代的作用了。

中央商場
張建麟
2021.2.1.

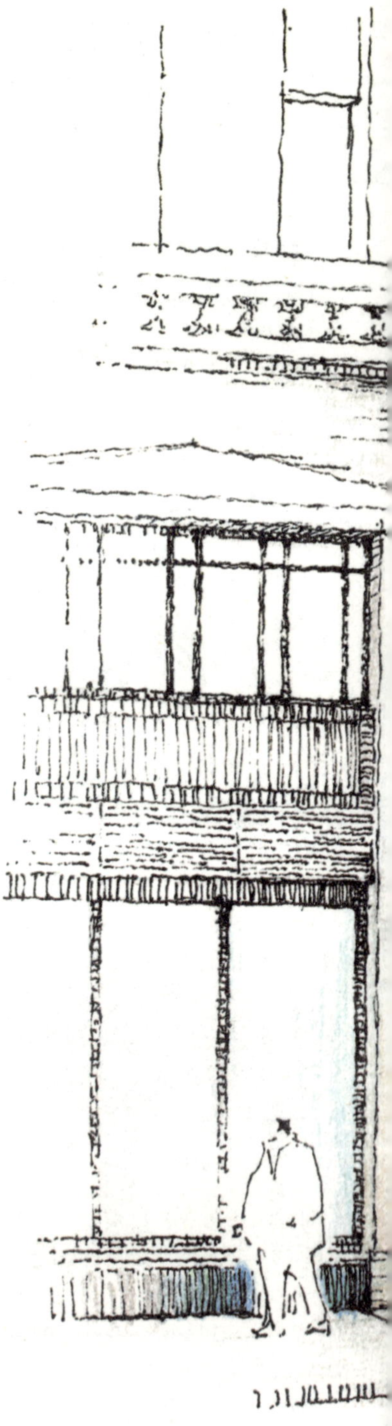

怡和洋行大楼/Jardine Matheson Building

位于黄浦区中山东一路北京东路口。1843 年，怡和洋行在上海开设分行，是第一批来沪经营的外商，曾参与鸦片贸易并鼓动英政府对华发动战争，挣了不道德的钱，做了罪恶的事。1844 年取得外滩 27 号（北京路口）土地，建造了一幢殖民地式样的 2 层砖木结构楼房。怡和洋行大楼是怡和集团总部迁入上海的办公地，现大楼为 1920 年原址重建。

1955 年，大楼由市房地局管理，外贸局及所属单位使用，称外贸大楼。

大楼入口上部章鱼石雕，别有趣味。

和平饭店北楼/
North building of the Peace Hotel (Former Cathay Hotel)

位于黄浦区南京东路最东端，北、南都是和平饭店。

和平饭店北楼（原名“华懋饭店”），身处南京东路外滩，具有多国风格的客房及餐厅。近百年来入住的社会名流，以及各色聚会，留下了很多故事可考。

常驻底层酒吧的老年爵士乐队，令这家饭店多了一份浪漫。

和平饭店
PEACE HOTEL
張建麟
2021.3.21.

張建麟
2021.4.30.

俄罗斯领事馆/
Consulate General of Russia

位于虹口区黄浦路 20 号。

張建麟
2022.2.17.

浦江饭店/
Pujiang Hotel (Former Astor Hotel)

位于虹口区黄浦路 15 号(大名路口)。原名礼查饭店，创办于 1846 年，1857 年迁至现址，是上海开埠后第一家西商饭店。1907 年扩建，立面具有英国新古典主义风格。1990 年 11 月 26 日上海证券交易所创办于此。

惠民路临潼路口/
Corner of Huimin Road and Lintong Road

杨树浦路近大连路/Yangshupu Road, near Dalian Road

杨树浦路近隆昌路/Yangshupu Road, near Longchang Road

張建麟
2022.9.6.

杨树浦水厂/Yangshupu Waterwork

位于杨浦区杨树浦路 830 号。1883 年 6 月 29 日中国第一座现代化水厂杨树浦水厂正式建成开阀放水。1930 年代，水厂不断扩建，成为远东第一大水厂。

近百年来水厂设备不断更新改造，至今仍正常生产。

水厂里的英国古典城堡式建筑群，别有风味。

犹太难民纪念馆/ Shanghai Jewish Refugees Museum

位于虹口区长阳路 62 号 (近舟山路)。“拯救一个人，就是拯救整个世界。”这是电影《辛德勒的名单》中的一句著名台词。

同样在二战中，上海成了这些犹太难民的诺亚方舟，挽救了大量犹太难民的生命。在上海的避难经历，也影响了许多人的一生。

上海犹太难民纪念馆就是这段历史的见证。

舟山路霍山路口/Corner of Zhoushan Road and Huoshan Road

中共四大会址/
Site of the 4th National Congress of the Communist Party of China

原址位于虹口区东宝兴路 254 弄 28 支弄 8 号，是一幢砖木结构假三层石库门住宅，坐西朝东。1932 年淞沪抗战期间毁于日军炮火。此为复原图。

張建麟
2021.3.13.

四川北路海宁路口/
Corner of Sichuan Road (North) and Haining Road

乍浦路北海宁路口/
Corner of Zhapu Road and Haining Road (North)

景林庐/Jinglinlu

位于虹口区昆山路乍浦路口，由教会建于 1923 年。

天潼路山西北路口/
Corner of Tiantong Road and Shanxi Road (North)

每当画上海的石库门弄堂时，我总有一种寻找自己孩童时记忆的感觉。那时的上海沿街商铺用的是大木板门排板，每天开店时，长条的门板叠放在店门口的一边，店招牌也是用中国的横匾形式，有的店还有左右对联。马路上叮当响的有轨电车、人拉的车、三轮车，几十年的发展和各个时代的变化伴随我的变化，走到了今天。今天的发展太快了，许多石库门弄堂正在消失，我记录下石库门弄堂，就是记录我的童年时代，记录上海一个时代的风貌，典型的风貌。

張建麟
2022.8.30.

邮政总局大楼/General Post Office Building

位于虹口区北苏州路 276 号(天潼路口)。

上海是我国近代邮政策源地之一，清光绪四年 (1878) 七月，“大龙邮票”一套三枚在上海印制发行(首次发行邮票)，光绪五年 (1879) 起在海关试办邮政，光绪二十二年 (1896) 大清邮政开办，清宣统三年 (1911) 清政府邮传部正式接替海关管理全国邮政，并在北京成立邮政总局。

辛亥革命后，大清邮政转变为中华邮政。由于业务快速发展，1924 年 11 月新大楼竣工营业。上海邮政大楼是国内修建最早、规模最大、仍在使用的邮政标志性建筑。

上海大厦/
Shanghai Mansions (Former Broadway Mansions)

位于虹口区北苏州路 234 号。

1934 年建成的上海大厦(原名“百老汇大厦”)，1951 年 5 月 1 日改现名。

大厦楼顶是俯瞰外滩建筑群的最佳位置。

上海大厦和外白渡桥相邻而居，构筑了一条美丽的风景线。

南苏州路近圆明园路/
Nansuzhou Road, near Yuanmingyuan Road

外白渡桥—陆家嘴远眺/
Viewing Lujiazui from the Garden Bridge

清晨，我伫立在乍浦路桥上，穿过百年历程的外白渡桥，望着旭日中的陆家嘴。

亲眼见证自 1991 年起，作为改革开放龙头的陆家嘴，三十多年发生的巨大变化，创造了人类社会发展的奇迹……

張建麟 2016.6.

圆明园路公寓转角/
Corner of Yuanmingyuan Apartments

虎丘公寓/
Huqiu Apartment (Former National Y.M.C. A Building)

原青年协会大楼，位于黄浦区虎丘路 131 号，建于 1919~1924 年。

張建麟
2018.8.18

滇池路四川中路口/
Corner of Dianchi Road and Sichuan Road (Middle)

四川中路近南京东路/
Sichuan Road (Middle), near Nanjing Road (East)

南京东路繁忙的一个岔路口，上世纪 80 年代末至 90 年代中的短短几年中，发生了三次火灾，东面的惠罗公司一次，西面的民宅两次，火气还正旺。

灾后重建露出的一面，是生活的创造，少了一些精致，多了几分情趣。

民间有言：小心火烛。

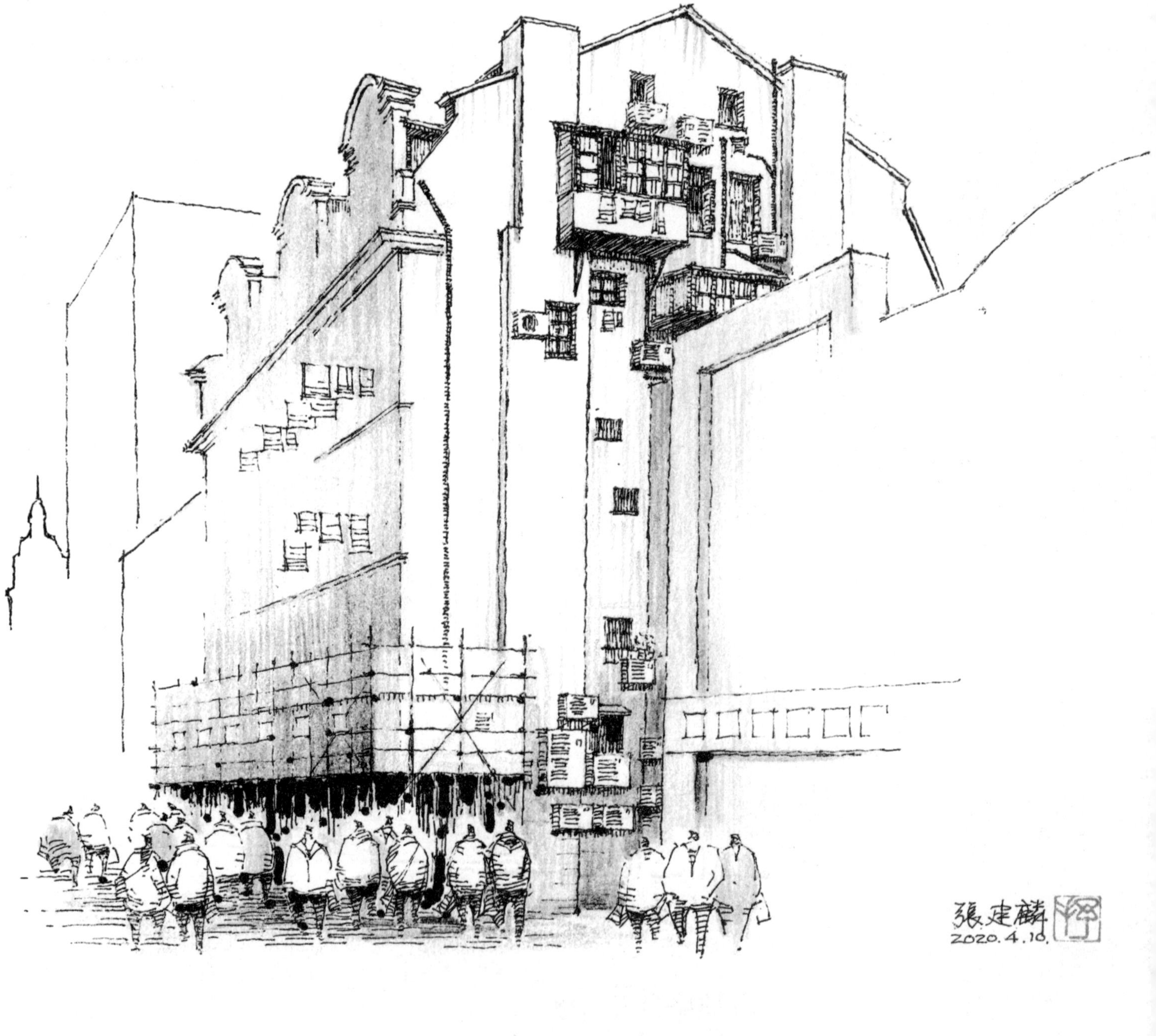

南京东路近四川中路/
Nanjing Road (East), near Sichuan Road (Middle)

江西中路南京东路口/
Corner of Jiangxi Road (Middle) and Nanjing Road (East)

工部局大楼/
The building of Shanghai Municipal Council

位于黄浦区江西中路汉口路口。清咸丰四年 (1854) 上海租界组成自治的机构工部局，工部局执行部门由万国商团、警务、火政、卫生、工务、书信、教育、总办、华文、财务、法院、监狱等机构，以及图书馆、乐队等团体组成。工部局实质上担任了租界政府的角色。

1922 年 11 月 16 日工部局新大楼竣工入驻，1943 年汪伪政府接收上海公共租界，工部局宣告结束。

張建麟
2020.12.2.

商务印书馆发行所大楼/ Issuing office building of the Commercial Press

位于黄浦区河南中路 221 号(原河南中路 211 号)。始建于清宣统三年(1911),1912 年建商务印书馆发行所新厦。2006 年河南中路拓宽工程启动,该建筑被拆除部分面积。

福州路近山东路/
Fuzhou Road, near Shandong Road

高耸塔楼为《时报》馆，1921 年落成。

该报创办于 1904 年，曾是戊戌政变后保皇派在国内的第一份报纸，由康有为弟子狄葆贤（狄平子）任经理。上世纪 50 年代以来，这里曾由外文书店使用。曾经有一段时间，其楼上专门销售光华出版社的出版物，外国人不得入内。上世纪末拆除，建造百腾大厦。

張建麟
2023.2.23.

張建麟
2020.12.6.

南京饭店/Nanjing Hotel

位于黄浦区山西南路 200 号。

由杨锡镠设计，1931 年建成，1932 年开业。

北京东路528 号/528 Beijing Road (East)

建于 1900 年，砖木结构三层建筑，坐北朝南。

1931 年秋至 1932 年冬，刘少奇曾寓居于此。

牛庄路近福建中路/
Niuzhuang Road, near Fujian Road (Middle)

福建中路近牛庄路/
Fujian Road (Middle), near Niuzhuang Road

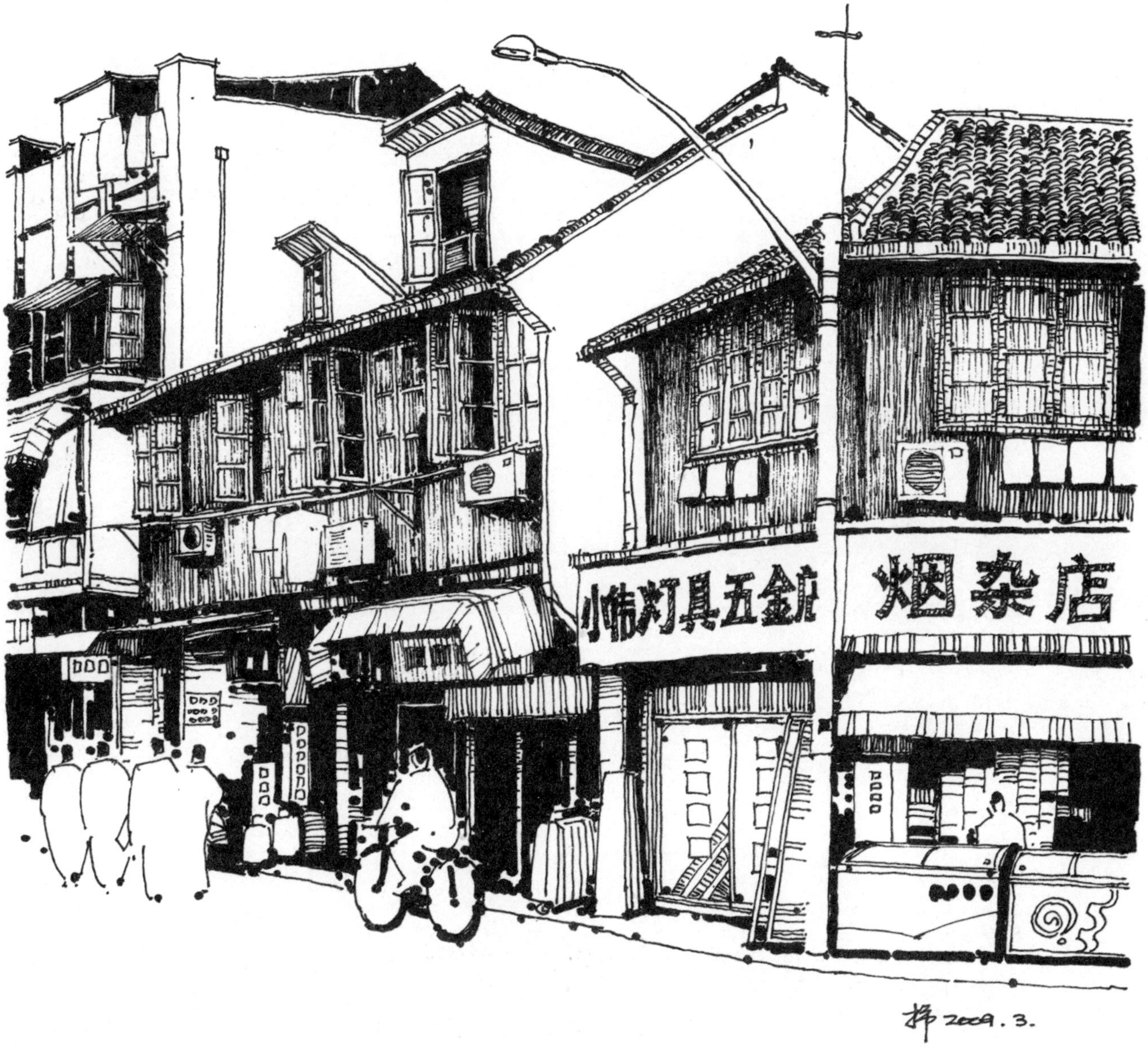

福建中路宁波路口/
Corner of Fujian Road (Middle) and Ningbo Road

七重天/
Seventh Heaven Hotel (New Wing On building)

位于黄浦区南京东路 627 号 (湖北路口)。

华侨商店入驻的那个年代，是七重天最热闹的时期，城市里各类人物的聚集地。

当年国人出国回来的大小件指标来此提货或选购，最忙的是“打桩模子”，买卖指标挣差价。

七重天和相邻的永安公司当年是同一个老板的产业，曾经也是上海的最高建筑 (国际饭店后来居上)。

I ♥
SH
2016.10.31.

永安百货/Wing On Department Store

位于南京东路最经典的一段。创建于 1918 年的上海永安公司（经公私合营、国营），上海第十百货商店，上海华联商厦，现今的永安百货，堪称中国商业的变迁史。

上海松江区一影视基地内，有这段南京东路的仿真版。

福建中路宁波路口/
Corner of Fujian Road (Middle) and Ningbo Road

霓虹灯下的南京路/
Nanjing Road under the neon lights

南京东路近贵州路夜景。

張建麟
2020.4.16.

平望街36 弄/36 Pingwang Street

浙江中路广东路口/
Corner of Zhejiang Road (Middle) and Guangdong Road

張建麟
2022.2.22.

浙江中路海口路口/
Corner of Zhejiang Road (Middle) and Haikou Road

上海市工人文化宫/
Shanghai Workers’ Cultural Palace

位于黄浦区西藏中路广东路口。

原东方饭店，改建后于 1950 年 10 月 1 日启用。

过去各区县及大企业都有类似文化宫的场所，为劳动者提供文化、艺术、体育、娱乐等活动。

1929
上海市工人文化宫

广东路云南中路口/ Corner of Guangdong Road and Yunnan Road (Middle)

众多老虎窗引起了我的注意。按理石库门房子一般使用为底层，前面为客堂间，用于吃饭和会客，后面为厨房，中间为楼梯。二层为卧室，也分前后两间。三层为储物用，斜顶。但随着时代变迁，人口增加，本来一户居住的石库门房子，变为四五家共同居住，那三层的斜顶只有开天窗才能解决通风和采光问题，用上海方言讲叫老虎窗，这就成了石库门房子的屋面景色。老虎窗由“roof ”而来，即屋顶上的窗。

汕头路云南中路口/
Corner of Shantou Road and Yunnan Road (Middle)

广西北路汕头路口/
Corner of Guangxi Road (North) and Shantou Road

云南中路171—173号/
171-173 Yunnan Road (Middle)

原云南路 447 号（福州路口）。钢筋水泥结构，沿街两层楼房，坐西朝东，建筑与天蟾舞台连为一体。1928 年 4 月至 1931 年 4 月，中共六大召开期间的留守中央和六大后中央政治局机关先后设在该址。

張建麟
2021.1.8.

張建麟 .2018.2.28.

大中华饭店/Great China Hotel

位于黄浦区西藏中路 200 号（福州路口）。

沐恩堂/Moore Memorial Church

位于黄浦区汉口路 766 号（西藏中路口）。

闹市中心难得幽静之地，典型的哥特式风格，名“沐恩堂”，意为沐浴于耶稣基督的恩典之中。

沐恩堂钟楼顶部有一座 5 米高的霓虹灯十字架，那时就很前卫。

張建麟
2018.2.15.

第一百貨
張建麟
2020.6.6.

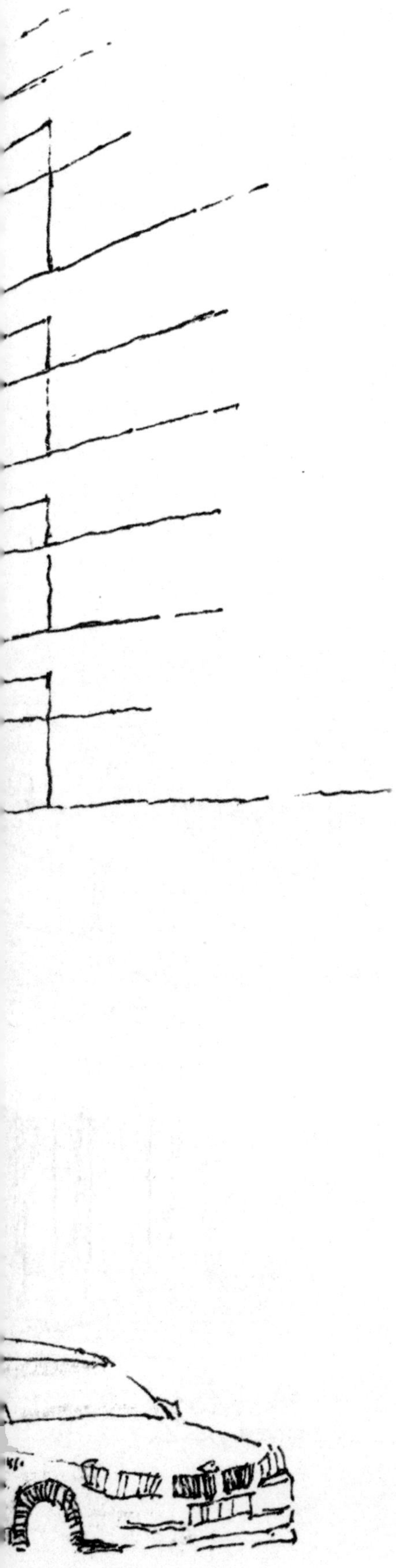

上海市第一百货商店/
No.1 Department Store of Shanghai

原大新公司，位于黄浦区南京东路 830 号。

1936 年 1 月 10 日，远东最大的百货公司大新公司开张，由基泰工程司设计，曾获亚洲最佳建筑设计奖。1953 年上海市第一百货商店迁入，1992 年 6 月 1 日上海第一百货股份有限公司于此成立。

大楼底层的自动护梯，是当年时髦的东西，也是商业运作的手段。

牛庄路近云南北路/
Niuzhuang Road, near Yunnan Road (North)

厦门路贵州路口/
Corner of Xiamen Road and Guizhou Road

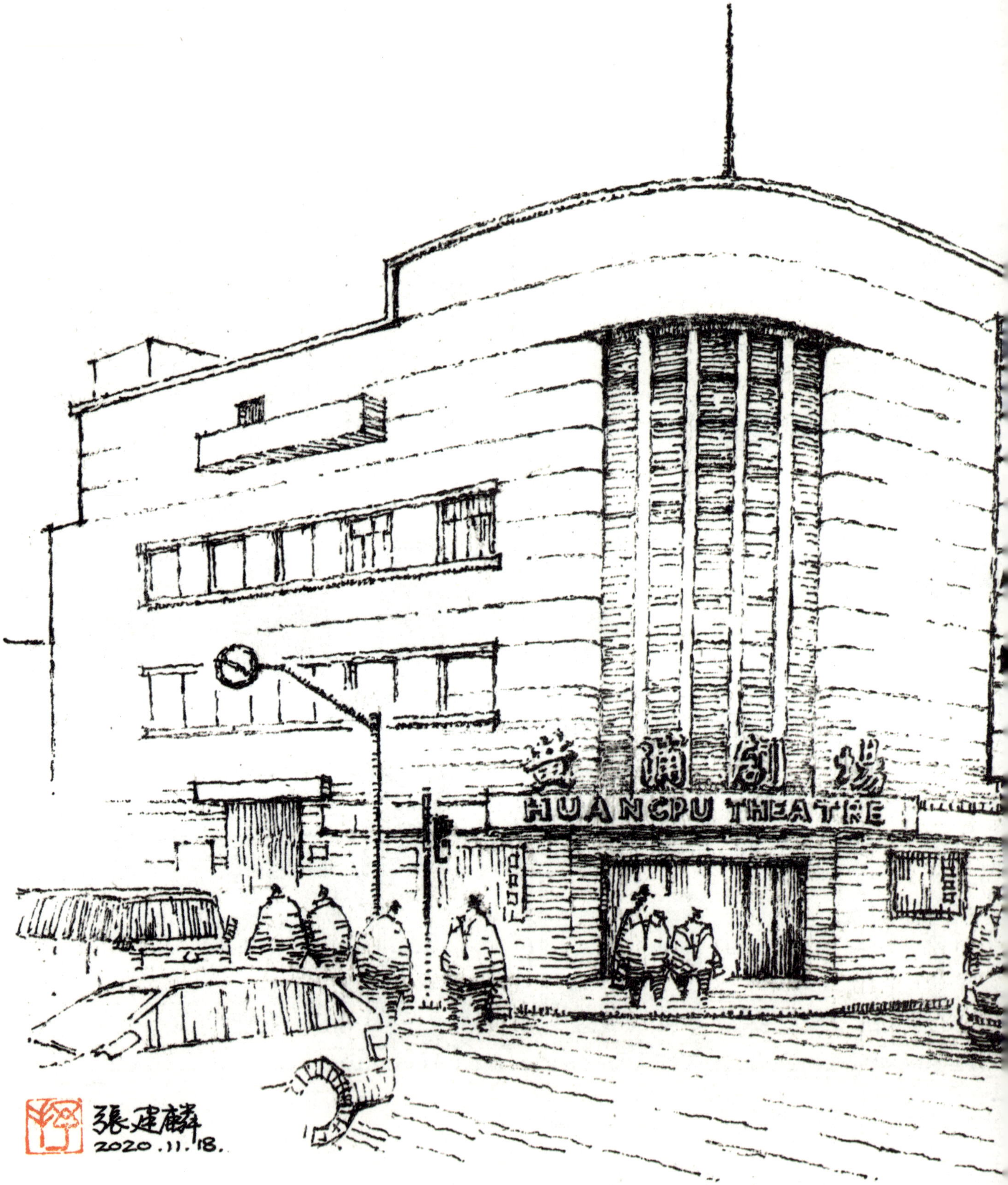

HUANGPU THEATRE
張建麟
2020.11.18.

黄浦剧场/Huangpu Theatre

原金城大戏院，位于黄浦区北京东路 780 号。

1935 年，电影《风云儿女》于此首映，由田汉作词、聂耳作曲的主题歌《义勇军进行曲》在此唱响。

原中国饭店，位于贵州路 160 号。

铁道宾馆/Shanghai Railways Hotel

原中国饭店，位于贵州路 160 号。

GRAND THEATRE
大光明电影院
張建麟
2021.3.29.

大光明电影院/Grand Theatre

位于黄浦区南京西路216号，近黄河路。

曾经的远东第一影院，是亚洲第一座宽银幕电影院和亚洲第一座立体声电影院。

国际饭店/Park Hotel

位于黄浦区南京西路170号。

由邬达克设计，曾经长期保持“远东第一高楼”的称号，代表了上海的高度。这幢大楼自1934年建成起，名气就很大，被人们关注几十年了。

这家饭店的名称有点奇怪，中文名为“国际饭店”，英文名为“花园饭店”(Park Hotel)。

今天看这幢大楼还是深邃且时尚，是建筑界的“老克勒”。

張建麟
2018.3.30.

跑马总会大楼/Building of the Race Club

位于黄浦区南京西路325号(黄陂北路口)。

上海博物馆/Shanghai Museum

1996 年 10 月 12 日，上海城市的中心有了一幢汇聚人类真正奢侈品的殿堂。即 3.93 万平方米的上海博物馆。

目前上海正在建造 10 万平方米的上海博物馆东馆。

中共二大会址/
Site of the 2nd National Congress of the Communist Party of China

位于静安区老成都北路 7 弄 30 号 (原南成都路辅德里 625 号)。

張建麟
2022.3.6.

金陵中路230号/
230 Jinling Road (Middle)

位于黄浦区金陵中路嵩山路口，明善书局发行所曾经设此。现已拆除。

張建麟
2022.5.15.

查公馆/Cha House

位于静安区威海路近青海路。

1920 年代初沪上商人邱信山、邱渭卿兄弟的私宅，1937 年改为民立中学。2010 年为配合兴业太古汇项目整幢建筑整体移动了 57 米并进行了修缮。为纪念香港兴业集团查济民先生，遂名此宅为“查公馆”。

平安大楼/Ping’an Mansion

位于静安区陕西北路 203 号 (南京西路口)。

克莱格住宅/Former Residence of H.J.Graig

位于静安区南京西路西康路口。

我见到这幢宅子的时候，已经没有了往昔的风采，门口挂的是《人民日报》及新华社驻上海记者站的牌子。

1985 年为建造波特曼大酒店，原建筑拆除。

查资料知：住宅主人克莱格（加拿大），公益洋行大班，上海工部局董事，当年这幢宅子很奢华，和犹太富商哈同的爱俪园相邻。

張建麟
2021.12.22.

上海展览中心/
Shanghai Exhibition Centre

位于静安区延安中路 1000 号。

1955 年建成的中苏友好大厦（俄罗斯古典主义建筑风格，局部糅合巴洛克艺术特点），是上世纪 50 年代上海建造的首座大型建筑。

中苏关系破裂后，大厦由上海展览馆和上海工业展览馆两家使用，1984 年两馆合并，建立上海展览中心。

吴同文住宅/
Former Residence of Wu Tongwen (The Green House)

位于静安区铜仁路 333 号。

吴同文和其父都是上海有名的颜料商，吴同文成年后，在长辈安排下和颜料大王贝润生的女儿成婚，贝润生送三亩三分三厘地作为陪嫁。

吴同文请建筑师乌达克设计，在这三亩三分三厘地建别墅。一年后建成，外观似一艘游轮，现代主义风格，吴同文特意申请门牌为：哈同路 333 号。

别墅内部设施俱全，中式餐厅、西式餐厅、宴会厅、舞厅、棋牌室、主卧室、副卧室、厨房、洗衣间、佣人间等，旋转楼梯还有电梯。

因吴同文是靠绿色颜料致富的，绿色是他的幸运色，故别墅内外以绿色为基调。

張建麟
2022.9.12.

南京西路常德路口/Corner of Nanjing Road (West) and Changde Road

毛泽东旧居/Former Residence of Mao Zedong

位于静安区安义路 63 号。

1920 年 5 月 5 日，毛泽东抵沪，至 7 月初离沪，一直在此居住。5 月 8 日，他列席“半淞园会议”，讨论新民学会的任务、活动原则、入会手续等。5 月 11 日，他到洋泾浜法国码头，欢送 6 名新民学会的湖南青年赴法勤工俭学。毛泽东在安义路住所期间发起成立“湖南改造促成会”倡议，并发表《湖南改造促成会发起宣言》《湖南建设问题商榷》《湖南人民的自决》等文章。他还多次前往老渔阳里 2 号，拜访正在酝酿创建中国共产党的陈独秀。

張建麟
2020.7.22.

常德公寓/ Changde Apartment (Former Eddington House)

原名爱丁顿公寓，位于静安区常德路 195 号，近南京西路。

常德公寓因著名女作家张爱玲在此生活五年，创作了多部重要作品，以及她和胡兰成的故事，令这幢楼多了几分传奇色彩。

張建麟 2015.12.

静安寺/
Jingan Temple (Bubbling Well Temple)

位于南京西路华山路口。

静安寺的新：原址整体重建不满二十年。

静安寺的老：始建于三国孙吴时期，原名重元寺，北宋大中祥符元年 (1008)，由宝山迁入现址，并启用“静安寺”名。

如今，寺外人来车往，闹猛。

寺内参禅礼佛，静安。

南无阿弥陀佛。

静安公园/Jingan Park

位于静安区南京西路 1649 号。这里原是 1898 年公共租界建立的静安寺路公墓，俗称“外国坟山”。1953 年改建为静安公园。

愚园路镇宁路口/
Corner of Yuyuan Road and Zhenning Road

PARAMOUNT

百乐门/The Paramount

位于静安区愚园路 218 号。

1933 年 12 月 14 日百乐门开业迎宾，金碧辉煌、流光溢彩、灯红酒绿、夜夜笙歌的梦幻情调令各界名流驻足，有“远东第一乐府”之誉，成为摩登上海的象征。

由百乐门而引发的故事，述说着上海那个时代的传奇。

武定路西康路口/
Corner of Wuding Road and Xikang Road

太平花园沿街/
The street bordering Taiping Garden

这里曾是除提篮桥外的又一处犹太人社区。

山海关路大田路口 (甲)/
Corner of Shanhaiguan Road and Datian Road (A)

城市的文脉、形象、人文习性，都和这座城市的建筑物有着千丝万缕的联系。作为上海住宅典型的石库门房子，其居住功能正逐步退化，特别是那种不带卫生设施的石库门及结构较差的石库门弄堂。石库门的保护是必须的，一定数量的拆除也是应该的，问题是新建的房子如何接续城市的文脉，让人们每到一个地方都能亲切感受到浓浓的的地方特色和地方文化。经济的发展，生活的改善，文化素养的提高应该充分体现在城市文脉上。

山海关路大田路口 (乙)/
Corner of Shanhaiguan Road and Datian Road (B)

儿时住在当时的工人新村里，到市中心购物或走亲访友，那时候这样的画面几乎到处可寻，至今还有深刻的印象。几十年的发展，城市在扩大，高楼大厦多了，马路变宽了，绿化增多了，画面中的石库门房子也逐步减少了。

我在记录这种城市形象的同时，找回了儿时的记忆和梦。

长乐路近成都南路/
Changle Road, near Chengdu Road(South)

沪上的老街区，尤其是以前的法租界区域，还保留着不少那个时期的建筑物和氛围，走在这样的环境里，如同翻阅这座城市的历史。

兰心大戏院/Lyceum Theatre

位于黄浦区茂名南路长乐路口。
上海开埠至今历史最悠久的剧场。

張建麟
2021.10.9.

2021.9.6.

爱司公寓/Estrella Apartments

位于黄浦区瑞金一路 150 号。

锦江饭店/Jinjiang Hotel (Former Cathay Apartment)

位于黄浦区茂名南路 59 号。

锦江饭店由南楼 (原为“格林文纳公寓”)，北楼 (原为“华懋公寓”)，贵宾楼等组成。

1951 年市政府委托董竹君先生负责组建接待宾馆，选现址并沿用董先生经营的锦江饭店名。

1972 年 2 月 28 月中美《上海公报》在此签署。

读董先生的《我的一个世纪》，可了解董先生，可了解锦江饭店，更可了解那个时期的上海。

君若满意，请告诉朋友；君若不满，请告诉我们。锦江现在已经是一家世界知名的酒店集团。

茂名南路法国总会/
Former French Club on Maoming Road (South).

原法国总会，位于黄浦区茂名南路 58 号。1953 年改为市政协文化俱乐部，1960 年划归锦江饭店，改为锦江俱乐部。现在是花园饭店裙房。

长乐路陕西南路口/
Corner of Changle Road and Shaanxi Road (South)

马勒别墅/Moller Villa

位于静安区陕西南路 2 号。

一个骑士带着一匹心爱的马，由英伦远渡上海，由赛马骑士转为财富拥有者，为女儿建了这座风格独特的住宅。

1949 年后这座别墅曾为共青团上海市委办公场所，现为衡山马勒别墅饭店。

張建麟
2021.3.8.

新乐路教堂/
Orthodox Church of Our Lady Hall on Xinle Road

位于徐汇区新乐路55号。

1917年俄国发生十月革命。一大批旧俄贵族、军人、富商、知识分子因政权更替逃亡国外，其中有一部分辗转来到上海。

流亡到上海的这部分人，需要精神安慰和寄托，便集资建造这座东正教堂。

几十年的世事变迁，2006年政府进行保护修缮，东正教堂已不承担宗教职能，成为一段历史的记忆。

长乐路近襄阳北路/
Changle Road, near Xiangyang Road (North)

延庆路近东湖路/
Yanqing Road, near Donghu Road

淮海中路常熟路口/
Corner of Huaihai Road (Middle) and Changshu Road

工艺美术博物馆/
Shanghai Arts and Crafts Museum

位于徐汇区汾阳路 79 号。

原法租界公董局董事住宅，抗日战争胜利后，世界卫生组织亚太地区分支机构曾在此办公，1963 年 5 月后上海工艺美术研究所入驻，2002 年 10 月复原修缮，上海工艺美术博物馆开馆。

木心先生曾经工作的地方。

永嘉路389 号/389 Yongjia Road

位于徐汇区，近太原路。

衡山路1号/1 Hengshan Road

位于徐汇区衡山路东平路口。

衡山路27号/27 Hengshan Road

位于徐汇区衡山路乌鲁木齐南路口。

衡山路近高安路/ Hengshan Road, near Gao'an Road

20 世纪末至 21 世纪初，衡山路是上海最负盛名的休闲娱乐一条街，近年来已经淡出了。

高安花园/Gao’ an Garden

位于徐汇区高安路 25 号。

康平路高安路口/
Kangping Road, near Gao’an Road

康平路一带曾是 1949 年后上海市领导办公和居住的区域。

永福路德国驻上海总领事馆/
Consulate General of Germany in Shanghai on Yongfu Road

永福路近复兴西路/
Yongfu Road, near Fuxing Road (West)

張建麟
2022.8.2.

意大利领事馆旧址/
Former site of the Italian Consulate

位于徐汇区武康路 390 号。

这座地中海风格建筑，是建于 1932 年的意大利领事馆，沿街高大的树木林，浓密的灌木丛，令它多了几分神秘。

柯灵故居/
Former Residence of Ke Ling

位于徐汇区复兴西路 147 号。

武康路137号/
137 Wukang Road

阳台很著名，让人想起了罗密欧与朱丽叶的故事，很多人慕名而来。

黄兴旧居/
Former Residence of Huang Xing

位于徐汇区武康路 393 号。

張建麟
2022.1.12.

上海交通大学校门/
Gate of Shanghai Jiao Tong University

位于徐汇区华山路 1954 号。清光绪十九年 (1893) 湖广总督张之洞在武昌创办自强学堂，清光绪二十二年盛宣怀在上海创办南洋学堂 (交通大学前身)，是中国近代最早创办的高等学堂之一，为国家发展培养人才。

武康大楼/
Wukang Mansion (Former Normandie Apartment)

原诺曼底大楼，位于徐汇区淮海中路 1850 号。

淮海西路上的这幢文艺复兴式公寓，由于近年来各路人马的热情关注，成了上海城市的一个网红打卡地。

原本清静的这段路也闹猛起来了。

三山会馆/Sanshan Guild Hall

位于黄浦区中山南路 1551 号。

上海自清初起成为全国南北贸易枢纽，基于同业同乡的会馆、公所有 130 多个。

三山会馆 (又名天后宫) 清宣统元年 (1909) 由旅沪福建水果商集资兴建，是沪了上唯一保存完好的晚清会馆建筑。

1980 年代因市政工程南移 30 米且修缮后开放。

东方明珠电视塔/Oriental Pearl TV Tower

位于浦东新区世纪大道 1 号。

上海东方明珠广播电视塔简称“东方明珠”，地处黄浦江畔，背靠陆家嘴地区建筑楼群。

1991 年 7 月 30 日开始建造，1992 年 8 月成立上海东方明珠 (集团) 股份有限公司，系国内第一家文化类上市公司 (SH600637)，1994 年 10 月 1 日投入使用。

借鸡生蛋的手法，能解决问题，也是浦东开发的标杆。

張建麟
2017.9.19.

博文女校旧址/
Former site of Bowen Girls’ School

位于黄浦区太仓路127号。

博文女校是民国时期的一家私立女子学校，1921年7月学校暑期接待了一波参加“中共一大”的人，就此名扬四海流传至今。

上海新天地/
Xintiandi in Shanghai

新天地的取名有两层含义。

明为：石库门住宅，通过置换改建成商业用房，开创了新天地。

暗为：石库门住宅，有中共一大会址，开创了新天地。

中共一大会址/
Site of the 1st National Congress of the Communist Party of China

位于黄浦区兴业路 76 号。

1921 年 7 月下旬在上海代表李汉俊和其兄李书城购置的住宅里，由共产国际出资，十几个各地来沪的人，召开了一次特别的会议，就此开启了一个新时代。

顺昌路近合肥路/
Shunchang Road, near Hefei Road

市中心的石库门住宅，正不断被拆除，新的居住小区很快建造完成，硬件的提升肯定是好事，软件的变革更让人期盼。

合肥路马当路口/
Corner of Hefei Road and Madang Road

淡水路332弄1号
/No. 1, 332 Danshui Road

1930 年 8 月，中国国民党临时行动委员会第一次全国干部会议在此召开。1947 年 2 月，改党名为中国农工民主党。

淡水路近复兴中路(甲)/
Danshui Road, near Fuxing Road (Middle) (A)

淡水路近复兴中路(乙)/
Danshui Road, near Fuxing Road (Middle) (B)

路边二层阳台上，层层重叠的鸽棚，忙碌的鸽子增添了几分热闹。

淡水路近自忠路/
Danshui Road, near Zizhong Road

上海工人第三次武装起义命令发布地旧址/ Former Site of the Issuance of Orders for the Third Armed Uprising of Shanghai Workers

位于黄浦区自忠路 361 号，近淡水路。

刘海粟旧居/
Former residence of Liu Haisu

位于黄浦区复兴中路 512 号。

1912 年刘海粟和乌始光、张聿光等创办上海图画美术院（后更名上海美术专业学校），1919 年 7 月始任校长。1929 年赴法国、瑞士及东南亚等地作画和展览，1931 年在法国巴黎举办个人绘画展。

1919 年林风眠留学法国，先后在第戎美术学院、巴黎高等美术专科学校学习。1925 年回国，任北平国立艺术专门学校校长兼教授。1928 年在杭州主持创办国立艺术院，任院长兼教授。

1922 年颜文樑和胡粹中、朱士杰创办苏州美术专科学校，1928 年法国巴黎高等美术专科学校学习，1932 年回国，主持苏州美术专科学校的教学。

这三位近代美术史上的重要人物，都长期生活在上海。

重庆公寓/Chongqing Mansions

位于黄浦区重庆南路 185 号。

1931 年建成的吕班公寓，因原吕班路改名为重庆南路，故改名为重庆公寓。1929 年至 1931 年美国记者、作家艾格尼丝·史沫特莱在此居住，并结识鲁迅、茅盾等人，积极参加进步文化运动。

这位到过延安，写过《中国人的命运》《中国红军在前进》《中国的战歌》《大地的女儿》等作品的美国记者，让这座公寓有了红色记忆。

复兴中路重庆南路口/
Corner of Fuxing Road (Middle) and Chongqing Road (South)

思南公馆/Sinan Mansions

思南路复兴中路口，阴翳的法国梧桐下散落着精美别致的洋房，具有独特吸引力。这些洋房是 1921 年建造的义品村，20 多幢不同形式的洋房，曾经的主人有：柳亚子、程潜、曾朴、薛笃弼、李烈钧、梅兰芳等，梅兰芳还在此接待过喜剧大师卓别林。

1949 年后由于历史的原因，原有洋房住户不断增加，居住条件严重下降，随意搭建破坏了建筑风貌。

1999 年始动迁修缮老洋房，重新设计道路、绿化、灯光、景观等设施。引进餐饮、咖啡馆、文化、艺术等商家，面貌一新如“新天地”的姐妹，成就了上海又一网红打卡地。

思南路复兴中路口/
Corner of Sinan Road and Fuxing Road (Middle)

周公馆/
Former Residence of Zhou Enlai

位于黄浦区思南路 73 号。

1946 年 6 月至 1947 年 3 月，中共代表团在此设立驻沪办事处。

孙中山故居/
Former Residence of Dr. Sun Yat-sen

位于黄浦区香山路 7 号（原莫利爱路 29 号）。1918 年 6 月至 1924 年 11 月，孙中山与夫人宋庆龄寓居于此。

孙中山在此完成《孙文学说》与《实业计划》两本著作。

1925 年孙中山在北京逝世后，宋庆龄回沪继续居住在此至 1937 年 12 月撤离上海到香港。

思南路44 号/44 Sinan Road

科学会堂入口/Shanghai Science Hall

位于南昌路 47 号。科学会堂前身为法国总会旧址，该会 1921 年迁址建新屋（今花园饭店老楼），原址改建为法国学堂。1958 年 1 月 18 日由陈毅市长亲笔题名的“科学会堂”在此成立。

大同幼稚园/Datong Kindergarten

位于南昌路 48 号。

中国科学社总办事处旧址/
Former site of the general office of China Science Society

又称会心楼，位于黄浦区陕西南路 235 号。

1945 年 12 月 30 日中国民主促进会在此召开成立会，1956 年捐献政府。

明复图书馆的三幢楼都可细读。

張建麟
2020.12.18.

瑞金二路148号/
148 Ruijin No.2 Road

建于1935年，坐西朝东，现由黄浦区牙病防治所使用。

白金龍
香烟
張建麟
2021.5.12.

大世界/The Great World

位于黄浦区西藏南路 1 号。

1917 年由医药行业的商人黄楚九创办，以游艺杂耍和南北戏曲、曲艺为其特色，12 面哈哈镜是它的招牌，是当时远东最大的游乐场。

1930 年改由青帮老大黄金荣经营。

1951 年 83 岁的黄金荣在大世界门前扫地，有点意思。

張建麟
2021.3.2.

街头戏台/Street stage

位于黄浦区方浜中路光启路口。

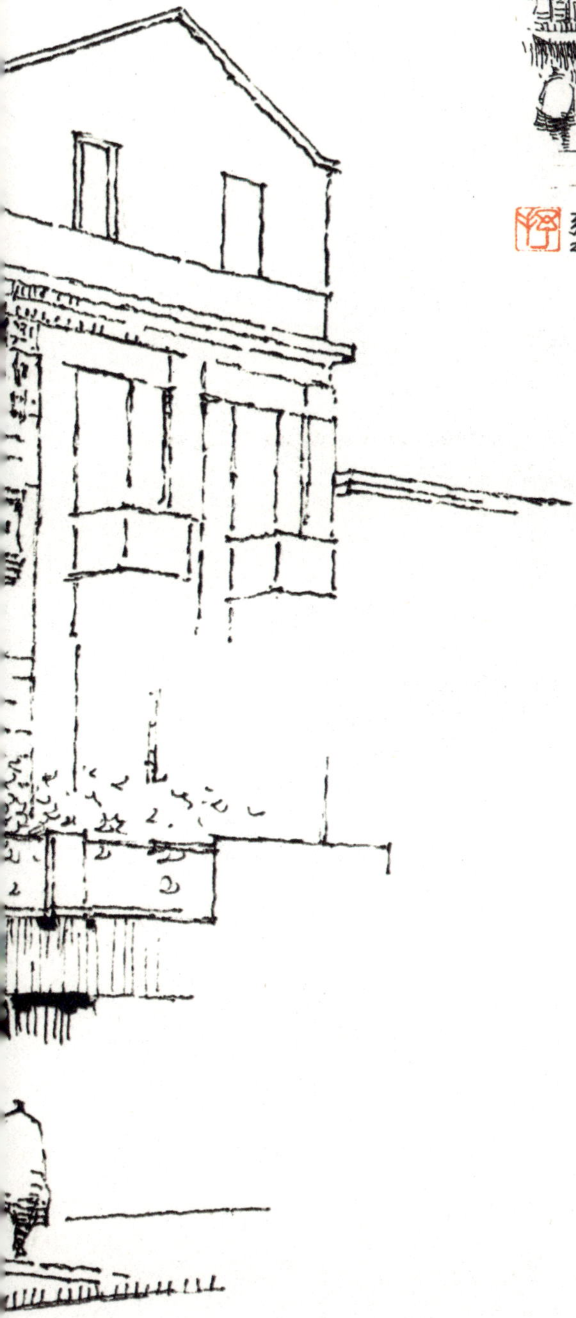

联合市场旧址/ Former site of the United Market

位于上海市中华路 55 号。1924 年建成。1932 年改为上海市糖业南北杂货同业联合市场。

方浜中路马园街口/
Corner of Fangbang Road (Middle) and Mayuan Street

城隍庙/Cheng Huang Miao (City God Temple)

位于黄浦区方浜中路 249 号。

上海城隍庙传说为三国时吴主孙皓所建，明永乐年间 (1403 ~ 1425) 改建为城隍庙。

庙里的头牌城隍老爷是汉武帝刘彻的托孤大臣、大将军霍去病的弟弟，汉昭帝刘弗陵的外公霍光。

风风雨雨近千年，霍光老爷辛劳了。

2015.12.

老城厢湖心亭茶楼集园林、品茗、民乐、评弹等江南文化于一身，是会友的好地方。

湖心亭茶楼/
Willow Pattern Teahouse

老城厢湖心亭茶楼集园林、品茗、民乐、评弹等江南文化于一身，是会友的好地方。

藥局
張建麟
2022.7.22.

童涵春堂/
Tong Han Chun Tang Chinese medicine store

宁波市庄桥镇人童善长来上海开设恒泰药材行，清乾隆四十八年 (1783) 出资盘进“竺涵春”中药铺，改名“童涵春堂”。

由“竺”改为“童”，虽一字之变，却含义深刻，既保持了“涵春”的店铺招牌，又有了童氏的记号，且又寓意药店“返老还童”之意，一语双关两家合意。

1988 年豫园商城重建，童涵春堂国药公司有了中式园林式新环境，为传承发展中医药多贡献一份力。

方浜中路近松雪街/
Fangbang Road (Middle), near Songxue Street

張建麟
2022.7.12.

上海老饭店/
Shanghai Lao Fan Dian (Old Restaurant)

位于黄浦区福佑路 242 号。

上海本帮名店，创建于 1875 年。

本帮菜是上海菜的别称，吸收江南地区特色，不断创新适应本地口味的菜肴。以浓油赤酱、咸淡适中、保持原味、醇厚鲜美为其特色（近来为适应菜肴口味变化，浓油赤酱趋向淡雅爽口）。

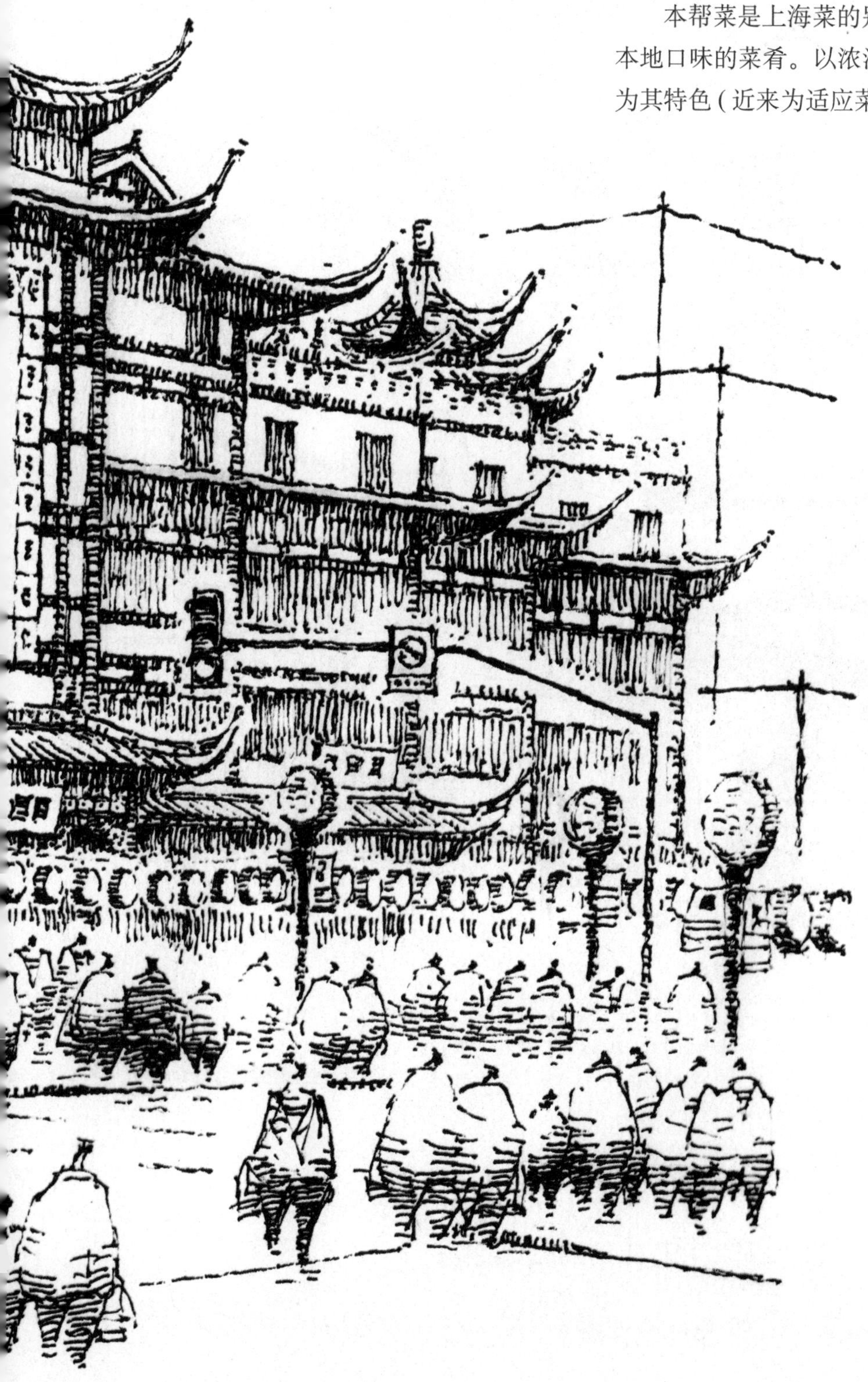

松雪街北石皮弄/Beishipi Lane on Songxue Street

杂乱的水果摊、杂货店，小小的弄堂、马路，组成了城市中的有趣景色，生活都应该是高楼大厦吗？有些杂乱的水果摊，更为生活增添了色彩和活力。我们在这样的环境中生活了许多年，非常熟悉这样的气氛和组合，杂乱之中有秩序和温情……

大境路旧仓街口/
Corner of Dajing Road and Jiucang Street

大境路露香园路口/
Corner of Dajing Road and Luxiangyuan Road

曹家街近梦花街/
Caojia Street, near Menghua Street

2008.4.22.

上海市实验小学/
Shanghai Experimental Primary School

位于黄浦区方浜中路 669 号。清宣统三年 (1911) 创立的万竹小学，1949 年改名上海市邑庙区中心小学，1956 年起改名为上海市实验小学。

張建麟
2022.2.12.

大境阁/Dajing Pavilion

位于黄浦区大境路 269 号。

1912 年 7 月拆除了明嘉靖三十二年 (1553) 为防倭寇侵犯而建的城墙。

中华路、人民路形成的环状路就是以前城墙的位置，大境阁所在的小段城墙，当时因系拆城指挥部所在，故留存下来。所谓“灯下黑”。

梦花街老道前街口/
Corner of Menghua Street and Old Daoqian Street

上海特别市临时政府办公地/
Office of the Provisional Government of Shanghai Special Municipality

位于黄浦区蓬莱路 171 号。

1927 年 3 月，上海工人第三次武装起义成功后，成立上海特别市临时政府，办公地址设于此。现为上海市公安局黄浦分局办公用房。

蓬莱路迎勋北路口/
Corner of Penglai Road and Yingxun Road (North)

尚文路迎勋北路口/
Corner of Shangwen Road and Yingxun Road (North)

中华路迎勋北路口/
Corner of Zhonghua Road and Yingxun Road (North)

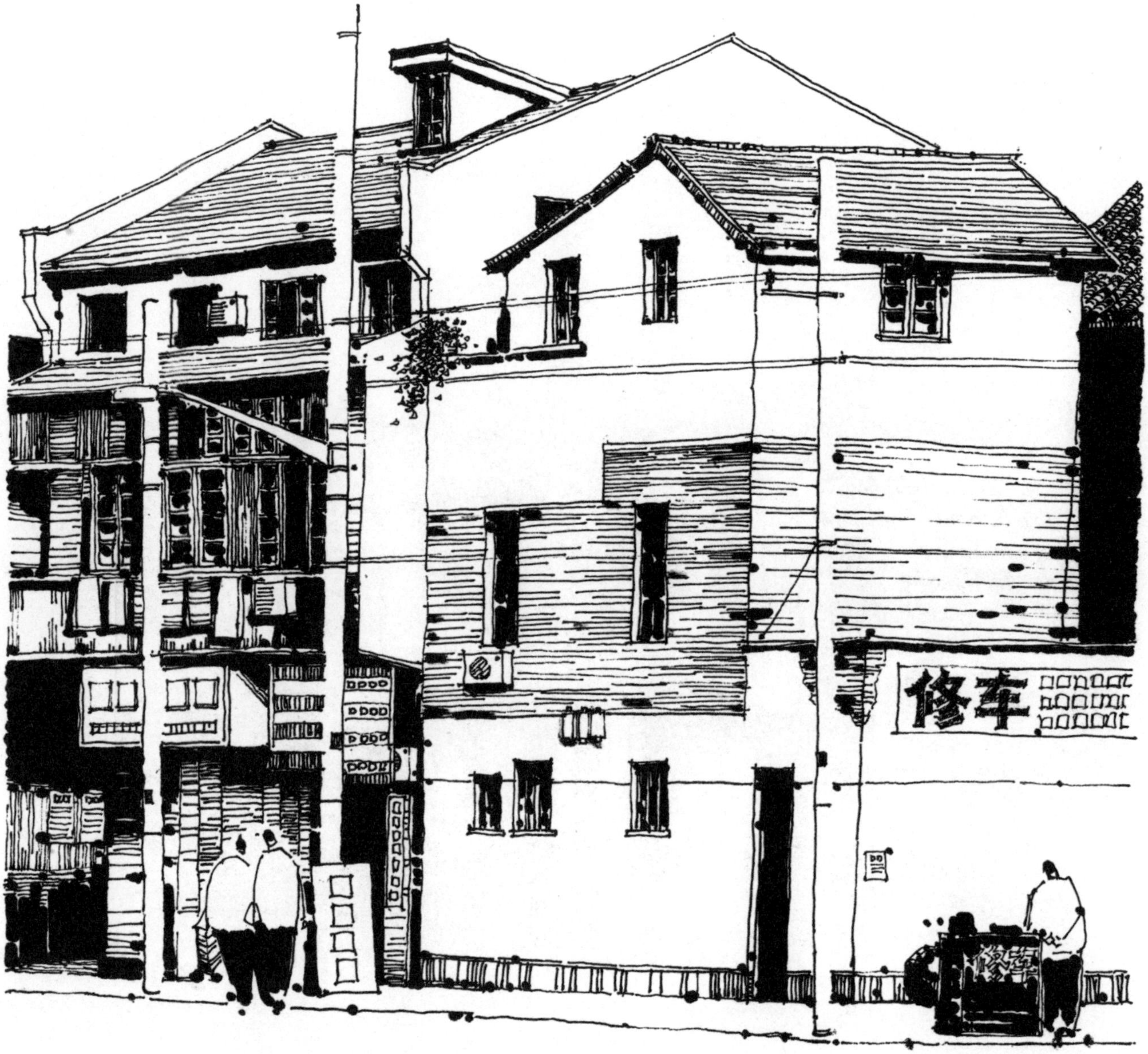

中华路近西华弄/
Zhonghua Road, near Xihua Lane

淮海东路浙江南路口/
Corner of Huaihai Road (East)
and Zhejiang Road (South)

淮海东路永寿路口/
Corner of Huaihai Road (East) and Yongshou Road

淮海东路浙江南路口/
Corner of Huaihai Road (East)
and Zhejiang Road (South)

云南南路宁海东路口/
Corner of Yunnan Road(South) and Ninghai Road (East)

后 记

1991 年上海东方明珠电视塔的开建，浦东这块沉睡了那么多年的宝地，融入了这座城市新的发展版图，开启了黄浦江两岸总体规划建设的序幕，这座远东曾经最大的城市被唤醒了。1993 年南浦大桥的兴建，1995 年的杨浦大桥，以及随后的卢浦大桥、延安路高架、南北高架、延安路隧道、内环线、中环线、外环线、地铁等的建设，黄浦江两岸交通连接畅通，浦东、浦西联动发展的新面貌逐步推进，城市景观在不断变化。

回望明嘉靖三十二年 (1553) 上海已逐渐兴盛，为抵倭寇侵扰构筑城墙，清康熙二十四年 (1685) 在上海设置江海关 (海关前身)，对外贸易和民族工业已初具雏形。

清道光二十年 (1840) 鸦片战争后，依照 1842 年签订的中英《南京条约》，上海开辟为五个对外通商口岸之一。此后，工部局管理的租界成了国中之国，至 1943 年工部局取消，结束百年租界史。租界时期也带来了先进的工业技术、管理模式、城市治理及生活方式，促进了社会经济发展。随着大量移民进入，城市也发展起来了，民族资本从中学会了先进工业科技和管理模式，并与外来资本共同竞争，租界的存在使其免受战火波及，并享有实际的独立地位和国际联系。上海以港兴市、航运繁荣、洋行林立、万商云集，形成了“生意兴隆通四海，财源茂盛达三江”之势，被称为灯红酒绿的“十里洋场”。

我们见证了上海过去的繁华留存，经历了从平庸中逐步走向新的更大光荣 ,我们有幸参与这样一个大变革，每一个人都是时代的见证者。真是欣喜又惋惜，喜的不必多言，惜的是许多熟悉的街景消失了，沉载着文化特色的那些建筑物拆除了，无奈之际我用自己喜欢且擅长的方式，记录下那些感动过我的街头景色，以及不同风格的优秀建筑物。多年的积累，形成这样一本书，希望各位读者喜欢。

2010 年上海世博会的主题为：“城市，让生活更美好”，愿上海更美好。

特别要感谢黄浦区档案局 (馆) 的支持、同济大学张松教授拨冗做序，本书责任编辑陈立群先生及诸位先生的辛勤工作，有机会让读者更熟悉上海，关注这座城市。

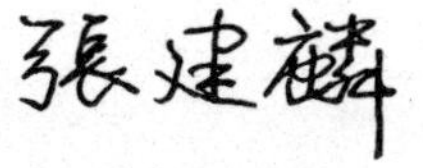

二〇二三年四月二十二日，于春暖花开的上海

Afterword

In 1991, the construction of the Shanghai Oriental Pearl TV Tower began, marking the awakening of Pudong, a precious land that had been dormant for many years. It became an integral part of the city' s new development plan, heralding the commencement of the comprehensive construction project along both sides of the Huangpu River. This city, once the largest in the Far East, was rejuvenated. The construction of the Nanpu Bridge in 1993, followed by the Yangpu Bridge in 1995, and subsequent projects such as the Lupu Bridge, Yan'an Road Elevated Road, North-South Elevated Road, Yan'an Road Tunnel, Inner Circle, Middle Circle, Outer Circle, and the Shanghai Metro, have greatly enhanced transportation connectivity between Pudong and Puxi. This progressive development has transformed the urban landscape, resulting in a constant evolution of the city' s scenery.

In the 32nd year of the Jiajing reign in the Ming Dynasty (1553), Shanghai was already flourishing. In order to defend against Japanese pirates, Shanghai constructed city walls, and in the 24th year of the Kangxi era (1685)in the Qing Dynasty, the Shanghai Maritime Customs was established. It was during this time that the foundations of export businesses and national industries began to take shape.

After the Opium War in the 20th year of the Daoguang reign in the Qing Dynasty (1840), Shanghai was opened as one of the five treaty ports under the “Nanking Treaty” signed between China and Britain in 1842. Following that, the concession administered by the Shanghai Municipal Council became a “country within a country” until its dissolution in 1943, marking the end of a century-long concession era. This period of concession brought advanced industrial technology, management practices, urban governance, and ways of life, contributing to the development of the social economy. With a massive influx of immigrants, the city flourished, and domestic industries learned advanced industrial technology and management practices, competing with foreign capital brought in by immigrants. The existence of the concession shielded Shanghai from the ravages of war and provided it with independence and international connections. Shanghai derived its prosperity from its harbor, with a thriving shipping business and a bustling commercial sector comprising both foreign and domestic enterprises. This gave rise to the trend of “business flourishing across the four seas and wealth reaching the three lakes”, and Shanghai came to be known as a “metropolis infested with foreign adventurers” adorned with vibrant nightlife and bustling entertainment districts.

We have witnessed the enduring prosperity of old Shanghai and experienced its journey from mediocrity to new and greater glory. We are fortunate to have been part of this significant transformation, as each of us is a witness of our time. It is a mix of joy and sadness that fills us. The joy is self-evident, while the sadness stems from the disappearance of many familiar street scenes. Buildings with cultural significance have been demolished, leaving us with a sense of despair. In response, with a sense of resignation, I have employed the method I excel at and enjoy: capturing these streets and buildings that have moved me in various styles. After years of accumulation, it has culminated in this book. My hope is that my audience will appreciate it.

The theme of the 2010 Shanghai Expo was “Better City, Better Life.” I hope for a brighter future for Shanghai.

I would like to express my special gratitude to the Huangpu District Archive for their support, Prof. Zhang Song from Tongji University for graciously providing the preface, Mr. Chen Liqun, the chief editor of this book, and the dedication of many others involved in its creation. Their efforts have allowed a wider audience to become acquainted with Shanghai and to pay attention to this city.

Zhang Jianlin

22 April 2023, in Shanghai when flowers are blooming.

图书在版编目（CIP）数据
上海·街头 / 张建麟编绘；李圣恺译．
上海：同济大学出版社，2023.6
ISBN 978-7-5765-0846-8
Ⅰ．①上… Ⅱ．①张… ②李… Ⅲ．①城市道路－史料－上海 Ⅳ．① K925.1
中国国家版本馆 CIP 数据核字（2023）第 090081 号

上海·街头

张建麟 编绘
李圣恺 译
责任编辑 陈立群（clq8384@126.com）
视觉策划 育德文传
内文设计 昭 阳
封面设计 昭 阳
电脑制作 宋 玲 唐 斌
责任校对 徐春莲

出　　版 同济大学出版社 www.tongjipress.com.cn
发　　行 上海市四平路 1239 号 邮编 200092 电话 021-65985622
经　　销 全国各地新华书店
印　　刷 上海锦良印刷厂
成品规格 215mm × 280mm 224 面
字　　数 455000
版　　次 2023 年 6 月第 1 版
印　　次 2023 年 6 月第 1 次印刷
书　　号 978-7-5765-0846-8
定　　价 280.00 元